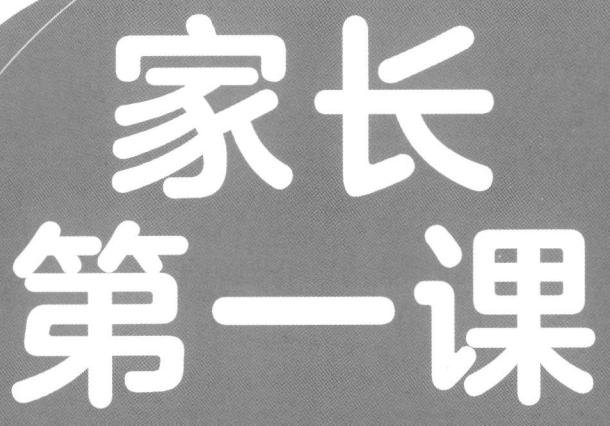

家长第一课

图说家庭教育促进法

王祥修　主编

中国政法大学出版社

2023·北京

编委会

主　编：王祥修

副主编：王夏青　陈佳傅（漫画执笔）

委　员：王雯婧　金雅珮　吴宇恒　赵书煜　褚诸强

　　　　张泽元　包欣鑫　鞠晓燕　张旻菲

策　划：上海律宏律师事务所

　　　　上海昆妮文化艺术交流有限公司

家长第一课

开 场 啦！

你们知道吗？家庭教育也立法了！
《家庭教育促进法》颁布了！

叮咚

家长们，你们要小心了！

看你们不懂！让我带着"太

Wordl

太

权智闲

冷总裁

Word熊猫

喵小咪

务所"法律天团来给你们讲讲吧!

目 录

一、人物介绍 1

Word 熊猫 3

喵小咪 5

小熊猫 6

冷总裁 7

权智闲 8

财噜噜 9

萌多多 10

虾大虾二 11

二、背景解读 13

✏️ 立法背景与原因 15

·相关法条 21

✏️ 立法目的 23

·相关法条 29

✏️ 社会意义 30

三、重点条款故事解读 35

✏️ 父母或监护人是家庭教育第一责任人 37

·小故事 38

·相关法条 47

·家庭教育小贴士 48

✏️ 离异父母不得怠于履行家庭教育责任 ············· 54

· 小故事 ··························· 55

· 相关法条 ························· 64

· 家庭教育小贴士 ····················· 65

✏️ 委托照护也不得推卸父母责任 ············· 69

· 小故事 ··························· 70

· 相关法条 ························· 79

· 家庭教育小贴士 ····················· 80

✏️ 父母的学习义务 ···················· 85

· 小故事 ··························· 86

· 相关法条 ························· 97

· 家庭教育小贴士 ····················· 98

✏️ 父母应当与教育机构共同促进孩子健康成长 ··· 102

· 小故事 ··························· 103

· 相关法条 ························· 113

· 家庭教育小贴士 ····················· 114

✏️ 家庭教育不得有任何形式的家庭暴力 ········· 117

· 小故事 ··························· 118

· 相关法条 ························· 132

· 家庭教育小贴士 ····················· 133

✏️ 拒绝家庭不当教育 ··················· 140

· 小故事 ··························· 141

· 相关法条 ························· 156

· 家庭教育小贴士 ····················· 158

✏️ 公检法可责令父母接受家庭教育指导 ········· 162

· 小故事 ··························· 163

· 相关法条 ························· 171

· 家庭教育小贴士 ····················· 172

四、法律教你该如何教育孩子 ·· 179

　📝 家庭教育内容有哪些 ·· 181

　　· 相关法条 ·· 182

　　· 家庭教育小贴士 ·· 187

　📝 家庭教育的合理方式 ·· 194

　　· 相关法条 ·· 195

　📝 其他需要教育的事 ·· 198

　　· 相关法条 ·· 199

　　· 家庭教育小贴士 ·· 200

五、国家支持 ·· 205

　📝 大家都有责 ·· 207

　　· 相关法条 ·· 208

　　· 家庭教育小贴士 ·· 214

　📝 制定家庭教育指导大纲 ·· 218

　　· 相关法条 ·· 219

　📝 家庭教育信息化共享服务平台的建设 ························ 220

　　· 相关法条 ·· 221

　📝 建立专业团队推进家庭教育 ································ 222

　　· 相关法条 ·· 223

　📝 设立家庭教育指导服务中心 ································ 225

　　· 相关法条 ·· 226

　📝 家长也要进学校 ·· 229

　　· 小故事 ·· 230

　　· 相关法条 ·· 239

　📝 全方位的家庭教育覆盖 ·· 242

　　· 相关法条 ·· 243

　　· 家庭教育小贴士 ·· 247

▭ 国家鼓励 ……………………………………………………… 252

　·相关法条 ……………………………………………………… 253

▭ 家庭宣传周的确定 ………………………………………… 256

　·相关法条 ……………………………………………………… 257

　·家庭教育小贴士 …………………………………………… 258

六、结语 ………………………………………………………………… 265

一、人物介绍

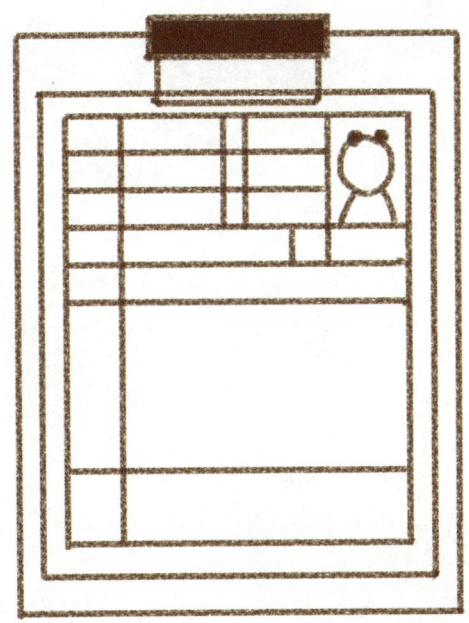

不懂法律就问我！

法学教授+太急事务所律师+好脾气爸爸

word熊猫主角介绍
◇ 法律宝库熊猫

我是主角，所以我的介绍最详细！
大家好，我是法律宝库Word熊猫，
别看我外表呆萌可爱，
其实我的背后可藏着不少硬核的法律知识！
不论是宪法，刑法，行政法，这些气势磅礴的公法；
还是民法，商法，经济法，这些在我们身边的私法；
我都能轻松掌握！

姓名：Word熊猫
年龄：90后
性别：男
原型：熊猫
星座：古灵精怪的水瓶座
职业：太急事务所律师

性格：
居住在身边的温暖小太阳，外表呆萌，内心善良。可以和任何人成为好
朋友，总是喜欢拉着身边的好朋友们一起讨论法律，讨论社会热点时事。
只要有Word熊猫在的地方就有欢乐，心愿是希望可以用法律帮助更多的人～

特殊技能点：
掌握一手资源，无论是新的司法解释还是新修订的法律，
都能以5G网络一般的冲浪速度及时掌握！
对法学热爱，掌握一手法律资源。无论是合同模板，
法律解释，典型案例都藏我的脑袋里。
与法同行，法治道路上随时可见我的身影，
喜欢参加线下活动，将普法宣传进行到底，
法治漫画，法治课程我总积极策划，
最擅长用漫画的形式记录下我和太急事务所其他小伙伴的普法小故事～

我也是个宝宝!

新晋妈妈+（自认为）仙女下凡

小熊猫

到底谁管谁？！

熊（猫）孩子

冷总裁

我想，你一定需要一个律师朋友

太急事务所主任律师+刑法专家

7

权智闲

让我用法律征服你

婚姻家庭方面专业律师

财嗦嗦

如果能**考过**法考，我的人生就**完美**了

神秘的富N代+拥有五次失败的法考经验

萌多多

温柔体贴也是让家庭和睦的一个绝招哦

萌多多

温柔可爱的律所行政

虾大虾二

老大开心我开心，老大伤心我伤心

虾大虾二

财嘻嘻的御用保镖+本书中"反面"角色指定演员

二、背景解读

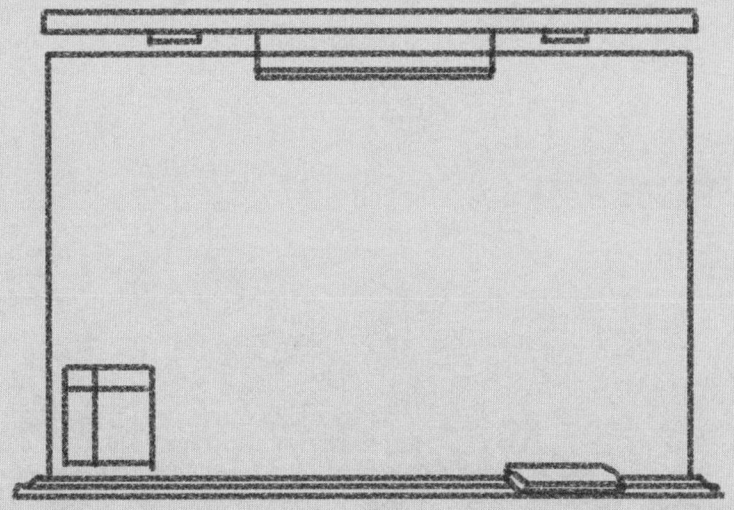

立法背景与原因

家庭教育一直为我国所重。

立法背景与原因

习近平总书记在不同场合多次谈到要"注重家庭、注重家教、注重家风"，加强家庭文明建设，弘扬家庭美德。

2020年5月28日《民法典》颁布，其中第1043条第1款再次明确规定："家庭应当树立优良家风，弘扬家庭美德，重视家庭文明建设。"

既然要建设现代文明家庭，那么家庭教育环节必不可少。

可是太多家长都认为"教育"只是老师的责任，与家庭并无关系。

但是通过对大量未成年人犯罪案例进行研究发现，几乎全部孩子的"遗憾"都与原生家庭教育缺失有关。

立法背景与原因

立法背景与原因

从2020年抚顺虐童
事件到近日发生留守
儿童烧伤事件；

低龄化

2000 2010 2020

从多起未成年人自杀事件
的发生到更趋向低龄化的
未成年人犯罪状况；

家庭教育

再次敲响了家庭教育缺失的警钟。

如果没有家长的加入，"家庭暴力、责任缺位、教而不当"等突出问题只依靠学校和社会力量是无法改善的。

《中华人民共和国家庭教育促进法》已由中华人民共和国第十三届全国人民代表大会常务委员会第三十一次会议于2021年10月23日通过，自2022年1月1日起施行。

家庭教育被正式纳入国家教育事业发展规划和法治化管理轨道。

立法背景与原因

立法背景与原因

一旦《家庭教育促进法》正式实施，某些家长就无法再找托词躲避家庭教育的责任。

这部法律为家长们划出了底线要求，同时也划分出"学校教育"和"家庭教育"的界限。

完善家庭教育是构建和谐社会中必不可少的重要环节。

第一条

为了发扬中华民族重视家庭教育的优良传统，引导全社会注重家庭、家教、家风，增进家庭幸福与社会和谐，培养德智体美劳全面发展的社会主义建设者和接班人，制定本法。

立法背景与原因·相关法条

立法背景与原因·相关法条

第二条

本法所称家庭教育，是指父母或者其他监护人为促进未成年人全面健康成长，对其实施的道德品质、身体素质、生活技能、文化修养、行为习惯等方面的培育、引导和影响。

第三条

家庭教育以立德树人为根本任务，培育和践行社会主义核心价值观，弘扬中华民族优秀传统文化、革命文化、社会主义先进文化，促进未成年人健康成长。

第四条

未成年人的父母或者其他监护人负责实施家庭教育。

国家和社会为家庭教育提供指导、支持和服务。

国家工作人员应当带头树立良好家风，履行家庭教育责任。

立法目的

立法目的

本法的第一条就和大家明确阐述了立法目的。

1.发扬中华民族重视家庭教育的优良传统；

2.引导全社会注重家庭、家教、家风；

3.增进家庭幸福与社会和谐；

4.培养德智体美劳全面发展的社会主义建设者和接班人。

家庭教育促进法

24

当前家庭教育中存在许多亟需正视的问题，本法的实施可引导父母或者其他监护人依法履行家庭教育职责，在社会中形成重视家庭教育的氛围。

立法目的

立法目的

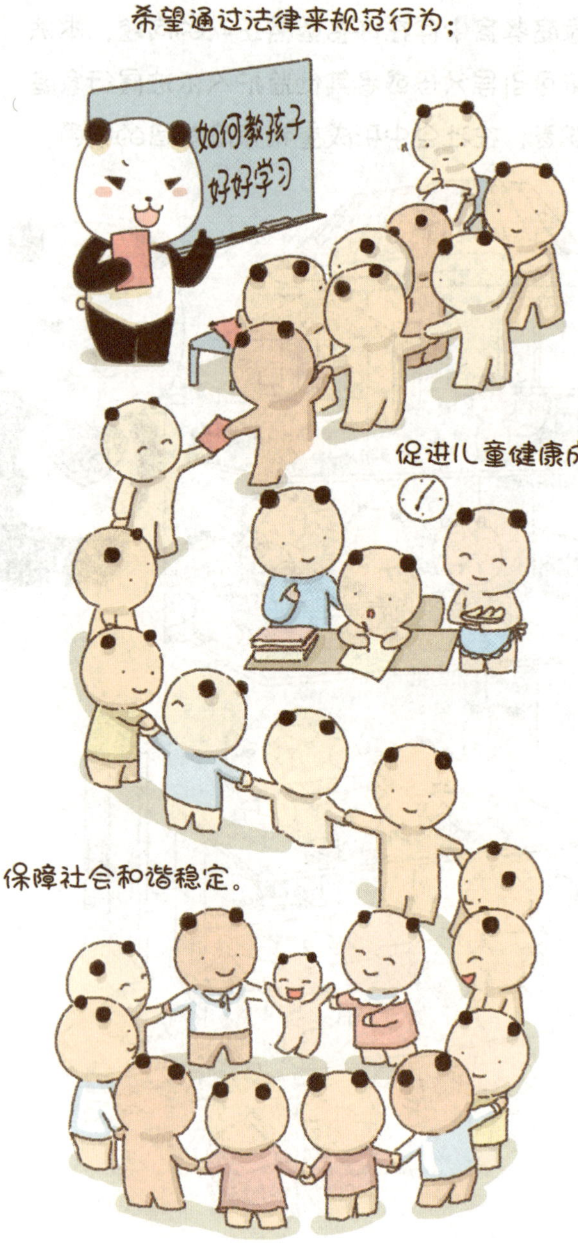

希望通过法律来规范行为；

如何教孩子
好好学习

促进儿童健康成长；

保障社会和谐稳定。

那么家庭教育这件家务事真的
需要通过法律来规范吗?

为什么法律
要管家务事?

立法目的

答案是肯定的,家庭作
为社会的基本细胞,注
重家庭、家教、家风不
仅仅是一件家务事;

更是关乎国家发展和
民族进步的大事件!

同时也只有通过法律把家庭教育有关
主体的职责厘清，才能让大家各司其职、
共同协作，为构建和美家庭做出努力。

立法目的

第五条
家庭教育应当符合
以下要求：

（一）尊重未
成年人身心
发展规律和
个体差异；

（二）尊重
未成年人人
格尊严，保护未成年人
隐私权和个人信息，保障未成年人合法权益；

（三）遵循家庭
教育特点，贯彻科学的家庭教育理念和方法；

（四）家庭教育、学校教育、社会教育紧密结合、协调一致；

（五）结合实际情况采取灵活多样的措施。

立法目的·相关法条

社会意义

家庭教育立法具有重要的意义。

社会意义

社会意义

本法能从制度上明确家庭教育的核心内容,扩大公共服务供给,规范家庭教育行为。

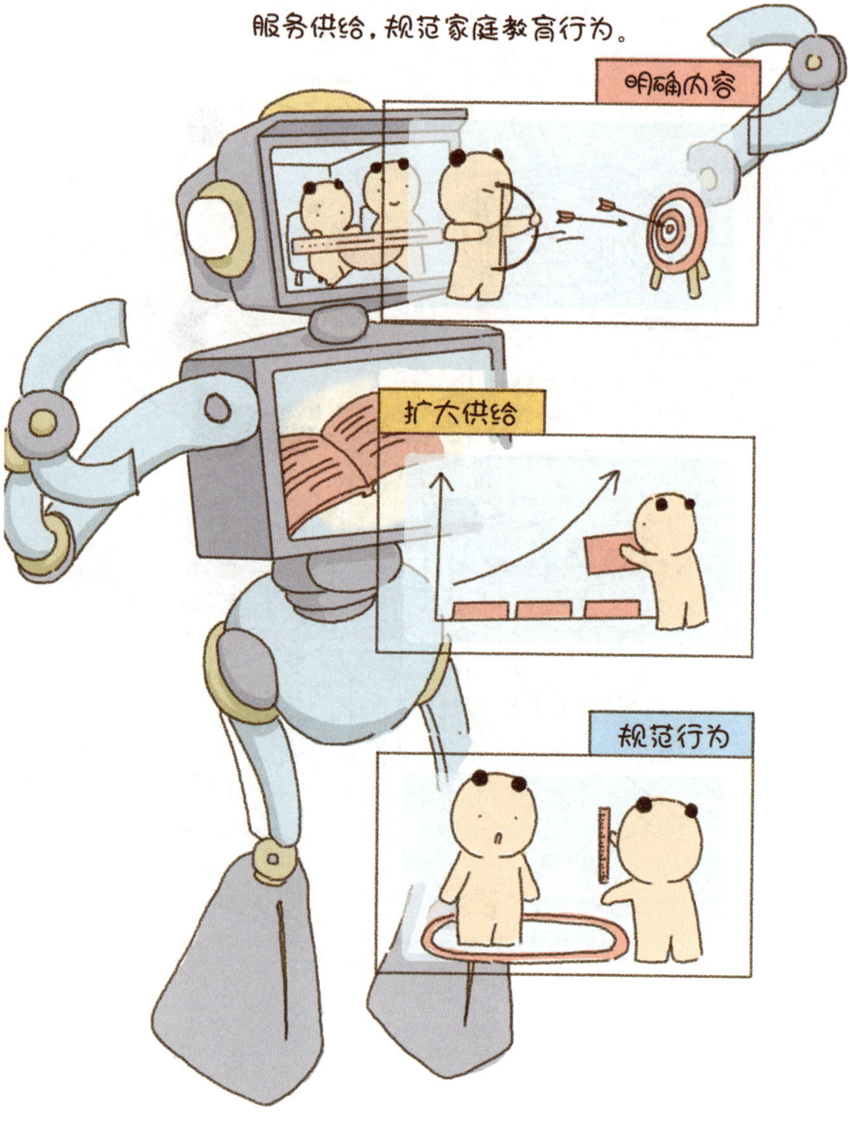

明确内容

扩大供给

规范行为

同时还有助于构建完善的
未成年人保护法律体系。

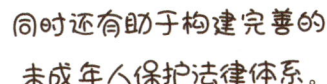

社会意义

三、重点条款
故事解读

父母或监护人
是家庭教育
第一责任人

父母或监护人是家庭教育第一责任人·小故事

喵小咪当妈妈啦！

玩~

哇！

我也是个宝宝，我不会带孩子！

彭

喵小咪生了宝宝后，觉得自己也
还是个宝宝，不愿意带孩子。

父母或监护人是家庭教育第一责任人·小故事

父母或监护人是家庭教育第一责任人·小故事

哎，孩子出生后，喵小咪忙着美容、普拉提，不愿意照顾孩子，让丈母娘带着月嫂过来照顾。

我说我来照顾吧，她们又说我工作忙，一个男的也不懂带孩子，让我不要管。

父母或监护人是家庭教育第一责任人·小故事

父母或监护人是家庭教育第一责任人·小故事

不让你管多好呀！省事了！

你不懂，因为我是熊猫，我老婆她们猫咪家族的本来就不喜欢我，丈母娘在，我日子不好过。

而且丈母娘的教育理念和我不同，对孩子的纵容让我很担心。

现在她一手掌握孩子的教育大权，我已经无法参与了。

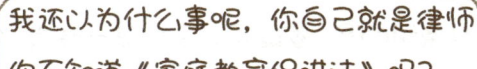

父母或监护人是家庭教育第一责任人·小故事

父母或监护人是家庭教育第一责任人·小故事

我来帮你和她说，孩子的家庭教育主体责任还是需要你和喵小咪一起来承担的，别人不能代替，这是法律的规定。

啊！太好了，冷大律师，你能现在就去帮我说吗？

你太急了吧！这么晚你丈母娘都休息了吧？我明天早上来找你。

这倒也是。

父母或监护人是家庭教育第一责任人·小故事

父母或监护人是家庭教育第一责任人·小故事

第十四条

父母或者其他监护人应当树立家庭是第一个课堂、家长是第一任老师的责任意识，承担对未成年人实施家庭教育的主体责任，用正确思想、方法和行为教育未成年人养成良好思想、品行和习惯。

共同生活的具有完全民事行为能力的其他家庭成员应当协助和配合未成年人的父母或者其他监护人实施家庭教育。

父母或监护人是家庭教育第一责任人·相关法条

父母或监护人是家庭教育第一责任人·家庭教育小贴士

你们知道吗？

孩子和父母的关系，决定了他未来与世界的关系。

心理学家阿尔费雷德·阿德勒说，"一切烦恼都来自人际关系"。

而在人际关系中对孩子成长影响最大的就是孩子与父母之间的关系。

父母或监护人是家庭教育第一责任人·家庭教育小贴士

父母或监护人是家庭教育第一责任人·家庭教育小贴士

父母在家庭教育中的缺失，
直接影响到孩子的人格塑造。

我们理解现代父母为生活
有千万种辛苦，

但如果你选择拥有孩子，
那请你不要再找借口，
一定要回归孩子的家庭教育。

父母或监护人是家庭教育第一责任人·家庭教育小贴士

父母或监护人是家庭教育第一责任人·家庭教育小贴士

孩子不仅是你生命的延续，也是国家的未来。

这是你爱的表现，
也是对法律的遵守。

所以，请肩负起你第一责任人的法定义务吧。

离异父母
不得怠于履行
家庭教育责任

离异父母不得怠于履行家庭教育责任·小故事

离异父母不得怠于履行家庭教育责任·小故事

前几天上课时老师说……

这是你们入学后的第一次家长开放日，最好你们的两位家长都来参加。

老师，我没有爸爸，只有我妈妈来行吗？

离异父母不得怠于履行家庭教育责任·小故事

离异父母不得怠于履行家庭教育责任·小故事

妈妈又不照顾小孩子，爸爸最重要。

爸爸，他是我的好朋友，平时你也可以假装是他的爸爸，照顾他。

爸爸妈妈都重要，我也只能是你的爸爸，但你能为别人着想这点很好，我们可以一起关心他。

离异父母不得怠于履行家庭教育责任·小故事

离异父母不得怠于履行家庭教育责任·小故事

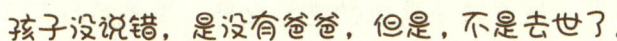

孩子没说错，是没有爸爸，但是，不是去世了。

孩子还没出生，他爸爸就和我分居了，从此再也没有回来过，没有尽到过做父亲的责任，所以我一直和孩子说爸爸没了……

你们还没离婚？他连孩子都不管吗？

从来不管，我是担心离婚再婚对孩子不好，反正离不离他都不管孩子，我也就拖着没去离婚。

离异父母不得怠于履行家庭教育责任·小故事

61

离异父母不得怠于履行家庭教育责任·小故事

太过分了，抚养孩子是他的法定义务，怎么可以不管孩子！他现在出抚养费吗？如果不出还不如离婚让他承担抚养费呢。

不定期还是会转点钱给孩子，但我也不在乎，而且也没有法律规定他一定要照顾孩子吧？

不，你错了。《家庭教育促进法》第二十条明确规定，无论分居还是离异，家长都有教育孩子的责任。

真的吗？我去查查，然后再跟他谈谈，如果实在不行，我还是要为了孩子重新组建一个完整的家。

结婚离婚是你们的自由，但是对孩子的法定义务谁都不能推卸。

离异父母不得怠于履行家庭教育责任·小故事

是的，都是为了孩子。

谢谢！

到时候有法律问题你随时可以问我，我们希望孩子们都能健康成长。

老婆你听到了吗？教育孩子是我们两个人的责任，你也不能推卸哦！

哼，就知道你会说我……

离异父母不得怠于履行家庭教育责任·相关法条

第二十条

　　未成年人的父母分居或者离异的，应当相互配合履行家庭教育责任，任何一方不得拒绝或者怠于履行；除法律另有规定外，不得阻碍另一方实施家庭教育。

离异父母不得怠于履行家庭教育责任·家庭教育小贴士

时代的发展让人们的联系越发紧密。

我们每天都可能认识新的人，遇到新的机会，而新鲜事物可能让你的家庭生活充满乐趣，也可能让你的婚姻面临危机。

老公来帮帮我！

没空。

我们赞同婚姻自由的理念，但是日益增高的离婚率也让我们感到深深地担忧。

离异父母不得怠于履行家庭教育责任·家庭教育小贴士

我不担心夫妻离婚后彼此的新生活是否幸福，我担心的是一个个分离的家庭，对他们的孩子会造成什么样的影响？

在孩子的成长过程中，只有父母共同参与陪伴，才更有利于孩子心智的完整发展。

我们分开，但不影响对你的陪伴！

爸爸依然会陪你成长！

希望每对夫妻都能记住，无论你们是否分开，你们对孩子都有一份责任。

有父母共同参与的成长，孩子才能更具体地感受到父母的爱。

也只有两个人的陪伴，才能让孩子更完整地了解世界，不同角度的教育与引导会让你们的孩子建立更完整、更健康的世界观。

合作愉快！

所以请记住，无论父母是否还是彼此生活的伴侣，你们都依然是孩子生活的伴侣。

离异父母不得怠于履行家庭教育责任·家庭教育小贴士

67

孩子的成长，请别缺位。

委托照护也不得推卸父母责任·小故事

又有校园霸凌事件？
好！
我马上来！

权律师您来啦，我已经通知他家长了，应该也很快就到了。

您先和我说下是怎么回事吧！

委托照护也不得推卸父母责任·小故事

委托照护也不得推卸父母责任·小故事

我是他爷爷，他父母一直在外工作，所以委托我照顾小星。

爷爷，孩子的父母都不在，那平时孩子的学习谁管？

我年纪大了，管不了他学习，只能照顾他的日常生活。

怪不得他成绩一直上不来，爷爷，照顾孩子不能局限于日常生活，学习也要管的呀！

对了老师，这次您让我来是孩子又闯祸了吗？

爷爷，小星今天逃学和其他大孩子去"抢"低年级孩子的东西，虽然金额不高，还不构成犯罪，但是他逃课、欺负学生、抢东西的行为都是不良行为，以后有可能演变成犯罪呀！

不良行为 ➡ 犯罪

委托照护也不得推卸父母责任·小故事

委托照护也不得推卸父母责任·小故事

你这个孩子……

我没事！没事！我会管的，请老师别告诉他父母。

我以后听话！

74

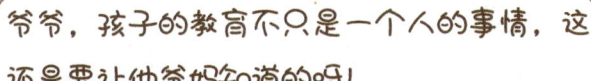

爷爷，孩子的教育不只是一个人的事情，这还是要让他爸妈知道的呀！

他们都在外面，委托我照顾孩子，我没照顾好，他们肯定怪我，老师这次就别跟他们说了。

爷爷，孩子教育成什么样，不能只怪你，因为父母才是第一责任人，也许他们工作在外无法照顾孩子，但是他们也是有教育义务的。

委托照护也不得推卸父母责任·小故事

教育 义务

父 母

第一责任人

75

委托照护也不得推卸父母责任·小故事

是的，爷爷，您必须告知他们情况，虽然他们委托您监护孩子，但是他们有法定义务和您共同实施家庭教育。

法定义务

他们根本不管我，要是被他们知道了，只会怪爷爷没教育好。

那你明知道这样，为什么还不听话，让爷爷受到责怪呢？

家里没人跟我玩，他们找我玩、关心我，我就和他们一起去了，到了才知道是欺负其他小孩，我也害怕，又怕我不做他们就不理我了，没想到后果这么严重。

委托照护也不得推卸父母责任·小故事

孩子本性是好的，所以更要重视教育。这件事告诉他父母不是让他们来责怪您，而是要让他们共同肩负起教育职责。

委托照护也不得推卸父母责任·小故事

老师，后来小星的爸爸妈妈开始关心孩子了吗？

沟通好了，现在他父母每天视频陪伴孩子学习，还经常回来，孩子好多了。

无论有什么原因，父母都是承担孩子教育责任的第一人。

第二十一条

　　未成年人的父母或者其他监护人依法委托他人代为照护未成年人的，应当与被委托人、未成年人保持联系，定期了解未成年人学习、生活情况和心理状况，与被委托人共同履行家庭教育责任。

委托照护也不得推卸父母责任·相关法条

委托照护也不得推卸父母责任·家庭教育小贴士

一定会有人说，现在生活节奏那么快，每位家长都在为了家庭而努力奋斗着，没时间照顾孩子怎么了？交给老人照顾怎么了？

我想说，你的辛苦我们感同身受，但是既然你选择了做父母，对不起，无论你如何辛苦，在家庭教育的环节，都绝不能缺位。

孩子出生后的每时每刻都处于学习的状态，其行为模式直接受到最亲近的人的影响，他们是最亲近的人的行为"复读机"，当孩子最亲近的人的行为有偏差时，孩子的"复读"也必然出现偏差。

并不是说长辈照顾孩子不好，对孩子在生活上的照顾可能真的需要长辈对小夫妻有所支持。

但是说到教育就不一样了，如果长辈只注重孩子的饮食起居，忽略了与孩子的互动，缺少与孩子正向交流，那么对于孩子的成长学习来说并不是好事。

我再忙也要自己教，你们比我还忙吗？

有时候长辈由于体力和精力的限制，更多的考虑孩子的安全健康，并没有太多时间与孩子互动，有些长辈甚至经常让电视和手机"陪伴"孩子。

委托照护也不得推卸父母责任·家庭教育小贴士

委托照护也不得推卸父母责任·家庭教育小贴士

虽然孩子也能在电视和手机中学到东西，但是由于没有互动和对错的判断，很可能导致孩子在对外交流、判断对错、情绪处理上出现偏差。

同样也提醒那些自己带孩子的父母，需要尽可能避免这样的错误。

希望父母能积极参与到孩子的教育中，因为在对孩子的教育里需要你们为孩子找到两种有助于他们一生成长的"感觉"。

第一种感觉是父母对孩子"无条件的爱与支持"，这种感觉可以帮助孩子找到社会归属感，避免他们变得极端，这种感觉是其他长辈付出再多的爱也无法带来的。

第二种感觉是父母通过引导与互动，帮助孩子找到自己的"价值感"，这种感觉也是只有父母才能帮助孩子找到。

只有引导孩子找到自己的"价值感"，才能让孩子自发地去成为一个有社会价值的人。

委托照护也不得推卸父母责任·家庭教育小贴士

委托照护也不得推卸父母责任·家庭教育小贴士

因此，请别再说生活压力让你无法参与孩子的教育了！

孩子的生活可以让长辈帮助照顾，但是他们的教育父母必须参与，你们的爱与互动将会改变他们的一生。

父母的学习义务

父母的学习义务·小故事

你上呀，快快！

妈妈，这是什么呀？我也要玩！

吓我一跳！小孩子不能玩的，你作业做完了？

没有。

那还不快去做？怎么老分心，不知道像谁，还吓我一跳！真是个熊孩子！

父母的学习义务·小故事

87

父母的学习义务 · 小故事

我就是熊的孩子呀，妈妈你在玩什么给我看看嘛！

真拿你没办法……

不玩了，你快去做作业，否则你爸回来要说我了！

关机

父母的学习义务·小故事

父母的学习义务·小故事

父母的学习义务·小故事

别跑了！你们在干嘛？

爸爸！妈妈影响我做作业……

老公！儿子破坏我化妆品……

停！你们分别说，喵小咪你先说。

父母的学习义务·小故事

老公，儿子不肯好好做作业，还乱玩我的化妆品和衣服，你看都弄坏了，你再给我买！

是不是这样？

当然不是！

那你说说看当时是怎么回事？

我做作业，妈妈看电视有声音，影响我。然后又打游戏，还不给我玩。然后她和朋友打电话，我有题目不会做，问她她也不会，我做不下去作业，才开始玩妈妈的东西的。

是他说的这样吗？

差不多，但是又不一样，我看电视声音不大，而且的确不能给他玩游戏，我又没有错。

他有题目不会做来问你，你说你也不会？

又不是我上学，我当然不会了。

宝贝，你先去洗个脸，然后爸爸妈妈陪你把不会的作业写完就出去吃饭好吗？

好哒！

父母的学习义务·小故事

父母的学习义务·小故事

老婆啊，他才二年级，问的题目你怎么可能不会呢？

他上学，为什么要我会？这是老师的事情！

老婆，孩子是我们的，不是老师的，我们有教育的义务。

我结婚就和你说了，我不会教孩子呀！

不会就要学啊，我不也是在儿子出生后慢慢学的？

我不要学，我又不是学生，我没有学习义务！

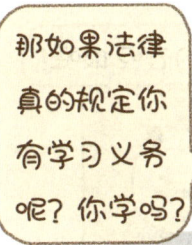

父母的学习义务·小故事

父母的学习义务·小故事

我没骗你吧，这次是你说的，我们要一起学习哦！

爸爸我们去吃饭吧！

咕~

走吧，我们去吃饭，回来后妈妈爸爸陪你一起做作业。

老婆也有进步，为了宝贝儿子，我们都要学！

法律我会遵守的，但是口红你也要给我新买的。

买买买！家里你说了算。

第十八条

未成年人的父母或者其他监护人应当树立正确的家庭教育理念，自觉学习家庭教育知识，在孕期和未成年人进入婴幼儿照护服务机构、幼儿园、中小学校等重要时段进行有针对性的学习，掌握科学的家庭教育方法，提高家庭教育的能力。

父母的学习义务·相关法条

父母的学习义务 · 家庭教育小贴士

没想到我也有机会给大家讲家庭教育小贴士啊!

我最近开始学习家庭教育方面的书籍了,我现在知道了学习对我和孩子都很重要!

如果我自己都不能以身作则,不能给孩子一个好的榜样和生活环境,无论我怎么严词教育他,他都不会改变的,因为我们家长的行为对孩子影响太大了。

孩子都是喜欢模仿的，有时候他们并不知道我们的行为代表什么含义，但是一定会去模仿。

由于他们的善恶观还没有形成，知识阅历也并不丰富，所以根本无法分辨自己模仿的家长的行为代表什么。

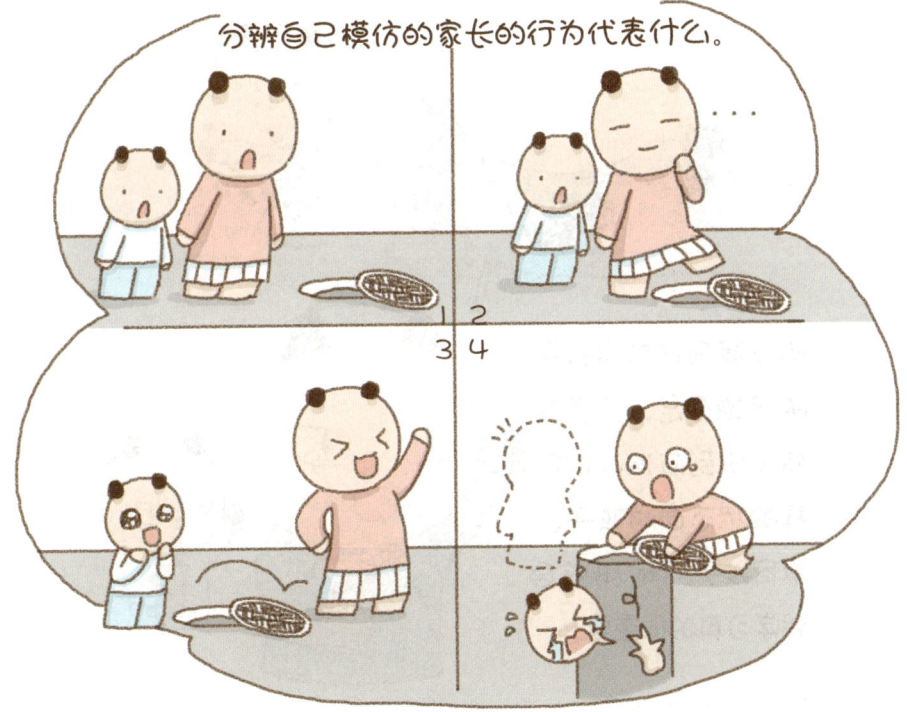

父母的学习义务·家庭教育小贴士

父母的学习义务·家庭教育小贴士

比如我涂口红，小熊猫虽然是男孩但也会涂口红，我不肯学习而去打游戏，他也会跟着我打游戏，有时候我说别人坏话，被他听到，他也会说。

哎，我真该好好规范自己的言行呀！

由于我自己教育孩子的经验不足，经常没有意识到应该以什么样的状态面对孩子、教育孩子，所以现在自我学习真的很重要。

我要抓紧学习，提高家庭教育的能力，以身作则，让孩子在处处都能看到美好的事物，为孩子营造一个良好的家庭环境。

父母的学习义务·家庭教育小贴士

父母应当与教育机构共同促进孩子健康成长

父母应当与教育机构共同促进孩子健康成长·小故事

103

父母应当与教育机构共同促进孩子健康成长 · 小故事

不急于一时，儿子不会那乙快长大，今天先睡吧。老婆把书拿开吧，我怕睡到一半，书把我压扁。

哎呀，这乙乱啦，拿下去拿下去。

好啦，今天不学了，快休息。

老公你说我是不是真的很笨，不是个好妈妈……

这不是送命题吗？

哎，我想当个好妈妈，但是我看了几天育儿书，越看越不懂。

父母应当与教育机构共同促进孩子健康成长·小故事

105

父母应当与教育机构共同促进孩子健康成长·小故事

父母应当与教育机构共同促进孩子健康成长·小故事

父母应当与教育机构共同促进孩子健康成长·小故事

第二天

社区家庭教育
学校上课时间

一	1	2	3	4	5
二	6	7	8	9	10
三	11	12	13	14	15
四	16	17	18	19	20
五	21	22	23	24	25

社区学校

喵小咪，你也来学习啦！

冷律师！哈哈！Word熊猫还好，不不不，你还好吗？不不不……你好。

108

你好你好。没想到你也来学习啦？

呵呵呵，第一次来，我老公没空，让我替他学……

是不是你老公嫌弃你不会带孩子，让你来学习啊，哈哈没事，我也是被老婆嫌弃，才来学习的。

没有没有，我老公说是法定义务，我就来了。

你说都是律师的老婆，怎么我老婆觉悟比你差那么多，她就是不肯来，其实这里的学习活动特别适合一家人一起！

是吗，哈哈我第一次来不太清楚。

父母应当与教育机构共同促进孩子健康成长·小故事

109

父母应当与教育机构共同促进孩子健康成长·小故事

等下你和我一组吧，我们一起学习。

没想到这个课程这乙好玩，我真的学到很多！

是的，我们社区请的老师都是非常专业的。

父母应当与教育机构共同促进孩子健康成长·小故事

父母应当与教育机构共同促进孩子健康成长·小故事

第十九条

未成年人的父母或者其他监护人应当与中小学校、幼儿园、婴幼儿照护服务机构、社区密切配合，积极参加其提供的公益性家庭教育指导和实践活动，共同促进未成年人健康成长。

父母应当与教育机构共同促进孩子健康成长·相关法条

父母应当与教育机构共同促进孩子健康成长·家庭教育小贴士

都说律师工作忙，但是为什么我还坚持花时间去社区参加家庭教育学习呢？因为有些知识是我们之前从未涉及的，但是对于孩子的成长又是至关重要的！

你们别看孩子还小，当每次让孩子去学习和纠正自己错误行为的时候，孩子都会想，你们让我做这些，你们自己做了吗？

劳动最光荣。

有些孩子在学校和同学产生分歧时会用暴力来解决，很大原因是在家里遇到问题时，家长就用暴力的方式来处理。

怎么又打同学？

你的行为才是造成孩子用暴力解决问题的原因。

家长们，你们真的要记住，你们的一言一行都会影响你爱的孩子这一生，所以作为一个也在不断学习的父亲，我给你们一点我的建议。

父母应当与教育机构共同促进孩子健康成长·家庭教育小贴士

首先，父母一定要遵守自己制定的家庭规则，说到做到，不要朝令夕改。

规章制度禁止抽烟！违反一次，做50个俯卧撑！

父母应当与教育机构共同促进孩子健康成长·家庭教育小贴士

其次，少讲大道理，通过实际行动成为孩子心目中的表率。

要有探索精神！

要有自己解决问题的能力！

要会利用互联网！

再次，家长自己要有乐观向上的心态，你对世界的态度决定着孩子对世界的看法。

最后，一定要做一个爱学习的家长，你好学的态度可以让你的孩子对学习充满热情。所以，各位爸爸妈妈，学无止境，请在百忙之中一定也要积极学习，和我一起多参加家庭教育实践活动吧！

116

家庭教育不得有任何形式的家庭暴力·小故事

家庭教育不得有任何形式的家庭暴力·小故事

119

家庭教育不得有任何形式的家庭暴力·小故事

家庭教育不得有任何形式的家庭暴力·小故事

121

家庭教育不得有任何形式的家庭暴力·小故事

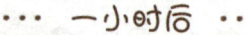

家庭教育不得有任何形式的家庭暴力·小故事

家庭教育不得有任何形式的家庭暴力·小故事

小孩子淘气就要打，老师您也可以打。

家庭教育不能一揍了之，禁止家暴已经入法。

俗话说，棍棒底下出孝子！我就是从小被打到大的！

这种观念是错的，而且现在这种行为违反了《家庭教育促进法》《未成年人保护法》和《反家庭暴力法》。

怎么可能有这种法律规定，您骗谁呢！

家庭教育不得有任何形式的家庭暴力·小故事

家庭教育不得有任何形式的家庭暴力·小故事

《反家庭暴力法》第三条第三款规定："国家禁止任何形式的家庭暴力。"

这样的光芒，你是谁?

我是权律师，我来和你讲讲法律。

禁止家庭暴力又没说不能打孩子，我从来不打老婆的。

首先，孩子也是家庭成员。
其次，《家庭教育促进法》第五十三条明确规定：未成年人的父母或者其他监护人在家庭教育过程中对未成年人实施家庭暴力的，依照《中华人民共和国未成年人保护法》《中华人民共和国反家庭暴力法》等法律的规定追究法律责任。

就是！就是！！

家庭教育不得有任何形式的家庭暴力·小故事

127

家庭教育不得有任何形式的家庭暴力·小故事

违法

打小孩=家暴?

孩子真的不能打，这会对他的身体、心理都造成伤害。

不打孩子的话，该怎么教？他太皮了！

正确的家庭教育有很多方式，但不包括家庭暴力，这需要你自己去学习。

我们学校为家长组织了家庭教育的学习班，欢迎您来参加。

家庭教育不得有任何形式的家庭暴力·小故事

而且你打的太重了，这么发展下去这种程度都有可能触犯刑法！

家庭教育不得有任何形式的家庭暴力·小故事

家庭教育不得有任何形式的家庭暴力·小故事

家庭教育不得有任何形式的家庭暴力·相关法条

禁止性别歧视

禁止殴打孩子

禁止教唆孩子违法犯罪

第二十三条

未成年人的父母或者其他监护人不得因性别、身体状况、智力等歧视未成年人，不得实施家庭暴力，不得胁迫、引诱、教唆、纵容、利用未成年人从事违反法律法规和社会公德的活动。

第五十三条

未成年人的父母或者其他监护人在家庭教育过程中对未成年人实施家庭暴力的，依照《中华人民共和国未成年人保护法》、《中华人民共和国反家庭暴力法》等法律的规定追究法律责任。

《未成年人保护法》
《反家庭暴力法》

因此对于在孩子的教育中是否应当保留"体罚"这一点备受争议。

家庭教育不得有任何形式的家庭暴力·家庭教育小贴士

家庭教育不得有任何形式的家庭暴力·家庭教育小贴士

在我看来对孩子"体罚"，有着它的历史原因。

一方面，以前孩子多，家长没有那么多时间来教育孩子。

地球是圆的。

地球是方的！

方的，方的……

另一方面，以前的教育认知水平普遍不高，大部分家长并不知道该如何科学地教育孩子。

选择最便捷、最不需要思考、孩子最害怕的令"身体痛苦"的方式来教育孩子是以前很多人的选择。

当然在这样的打骂和其他因素的影响下，也有一定概率的孩子长大后会走向成功，因此，许多人就忽略了其他因素，直接将其总结成"不打不成器"。

失败

不打不成器！

家庭教育不得有任何形式的家庭暴力·家庭教育小贴士

135

家庭教育不得有任何形式的家庭暴力·家庭教育小贴士

但是随着时代的发展、社会的变化，现在一切不一样了！

现在的家庭生育的孩子较少，家长的知识与学识也远远高于以前，大家已经有能力也有时间学习用其他的科学积极方式来教育和引导孩子。

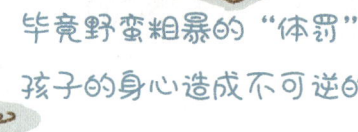

毕竟野蛮粗暴的"体罚"会对孩子的身心造成不可逆的伤害。

在体罚孩子的案件中，经常出现家长没有控制好自己的情绪，失手致伤、致残孩子的情况。

试问家长，为了一时之气，面对你可爱的孩子，造成这样的结果，你是否承受的起？

就算没有致伤致残，长期对孩子进行打骂，会造成孩子肾上腺素分泌过多，家长通过打骂孩子，自己的肾上腺素被消耗掉了，但是孩子却不能打骂家长，于是这些肾上腺素无法释放，长时间积累，会在孩子体内堆积过多，让其养成易怒暴躁的性格。

家庭教育不得有任何形式的家庭暴力·家庭教育小贴士

137

现代的家长，恳请你们多点耐心，花些时间提升自己的教育能力与技巧，除了暴力我们还有许多方式可以规范孩子的行为。

当孩子犯错的时候，请你们先去了解孩子犯错的原因，详细了解他的过失，针对事情本身加以教育，避免情绪化的责备。

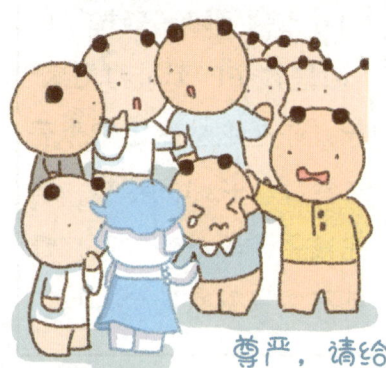

同时无论孩子多小，请别在别人面前对他进行暴力责罚，孩子同样珍视自己的尊严，请给予孩子足够的尊重。

138

今时今日，禁止对孩子实施家庭暴力，已经不仅仅是一个建议了，法律已经明确规定了"家暴"行为触犯法律，请遵守法律的底线。

拒绝家庭不当教育·小故事

拒绝家庭不当教育·小故事

虾片抢我的球……

这件事情是你做的不对，过来道个歉。

哼！小气鬼！我才不道歉！

谁让你向老师告状的！

老师，虾片欺负我……

虾片！你的行为已经违反校规校纪，还把小熊猫打伤了，今天我会请你家长来学校！

拒绝家庭不当教育·小故事

拒绝家庭不当教育·小故事

拒绝家庭不当教育·小故事

老师，我是虾大，我马上就来。

赶快去！

遵命！

太急小学

怎么回事，孩子交给学校了，要我来干嘛？

146

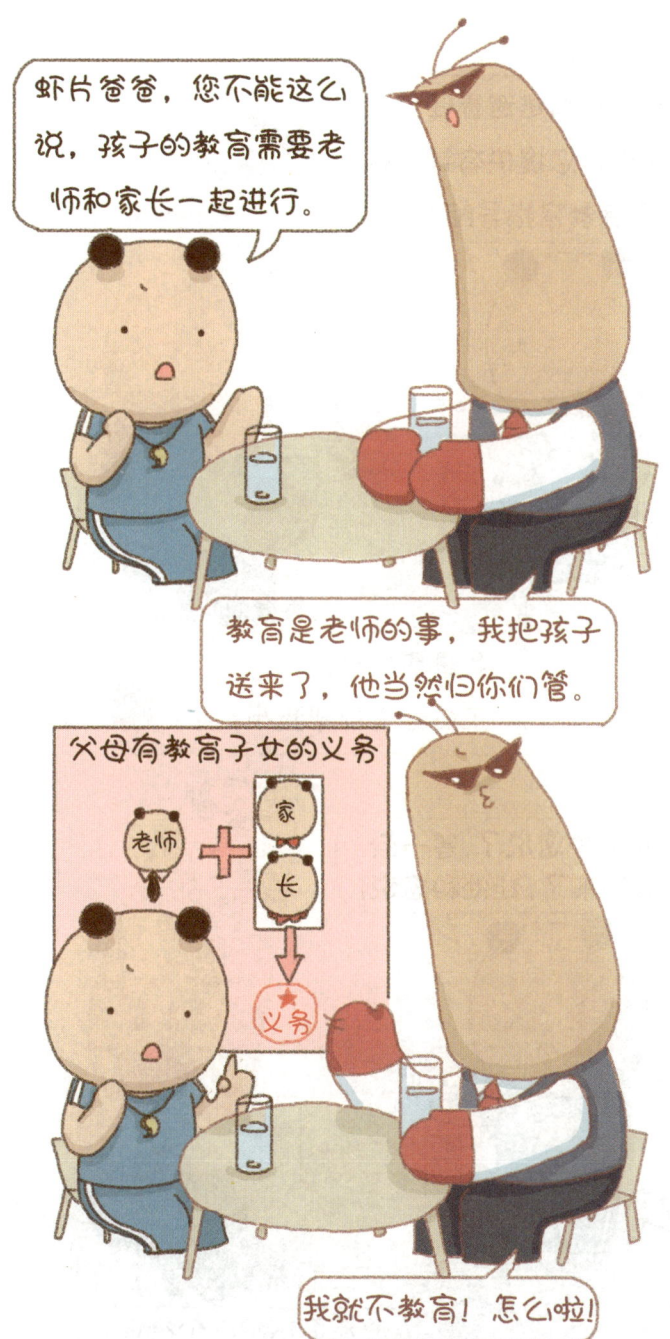

拒绝家庭不当教育·小故事

拒绝家庭不当教育·小故事

虾大！你就是违纪孩子的爸爸？

权律师，是财老大让你来帮我的吗？

权律师，就是这位家长的孩子伤人，但是家长拒绝履行家庭教育责任。

拒绝家庭不当教育·小故事

权律师是我的律师，你不要提问，她收费很贵！

拒绝家庭不当教育·小故事

你真是虾壳脑袋，我是这家学校的法律顾问，怎么变成你的律师了……

权律师您认识他？

是的，他是我同事的保镖，别的还好，就是太爱工作了。

孩子已经交给学校了，上班时间别影响我啊，我要保护财老大！

可是孩子的教育家长也要参与，现在孩子伤人了，这是大事呀!

那也不能影响我工作，我要保护财老大!

伤人

死忠

那你今天怎么上班的时候出来了?

老大说一定要来处理。

拒绝家庭不当教育·小故事

拒绝家庭不当教育·小故事

根据《家庭教育促进法》第四十八条规定，你所在单位发现你拒绝、怠于履行家庭教育责任，应当予以批评教育、劝诫制止。

小子历害呀，你要使阴招损我呀！

你老板最守法了，让他知道你违法，看看他还雇不雇你？……

老师你说得对，家长要履行家庭教育义务。

太好了，请配合学校一起教育虾片，这是校规校纪和家庭教育手册，请您学习！

遵命！

之后学校会指导你如何进行家庭教育的，请你一定要接受学校指导！

拒绝家庭不当教育·小故事

收到。谢谢老师，我先带儿子回去教育。

拒绝家庭不当教育·小故事

拒绝家庭不当教育·小故事

第四十三条

中小学校发现未成年学生严重违反校规校纪的，应当及时制止、管教，告知其父母或者其他监护人，并为其父母或者其他监护人提供有针对性的家庭教育指导服务；发现未成年学生有不良行为或者严重不良行为的，按照有关法律规定处理。

第四十八条 第一款

未成年人住所地的居民委员会、村民委员会、妇女联合会，未成年人的父母或者其他监护人所在单位，以及中小学校、幼儿园等有关密切接触未成年人的单位，发现父母或者其他监护人拒绝、怠于履行家庭教育责任，或者非法阻碍其他监护人实施家庭教育的，应当予以批评教育、劝诫制止，必要时督促其接受家庭教育指导。

拒绝家庭不当教育·相关法条

无论你拥有多少财富，你都不能拒绝履行家庭教育的义务。

拒绝家庭不当教育·家庭教育小贴士

总有人觉得把孩子交给了学校，自己就完成了家庭教育的义务，其实你完成的只是九年制义务教育的义务，而不是家庭教育的义务。

在孩子成长过程中，我们不能越位代替孩子承担所有责任

同样也不能让学校和社会代替我们承担所有的教育责任。

拒绝家庭不当教育·家庭教育小贴士

拒绝家庭不当教育·家庭教育小贴士

家长与学校应该是良好的、相互信任的"合伙人"关系。

你们是一起做"事业"的伙伴，两者缺一不可。

但并不能因为有了学校，就免去家长的责任。

只有陪同孩子一起成长，积极了解孩子的思想，才能正确引导他们的行为。

只有家长和学校一起同频携手、共同努力，才能培养出拥有优秀品格的好孩子。

公检法
可责令父母接受
家庭教育指导

公检法可责令父母接受家庭教育指导·小故事

公检法可责令父母接受家庭教育指导·小故事

什么案子呀？

一个未成年人，抢劫低年级学生手机一台、学费500元，案件已经到检察院阶段了。

公检法可责令父母接受家庭教育指导·小故事

公检法可责令父母接受家庭教育指导·小故事

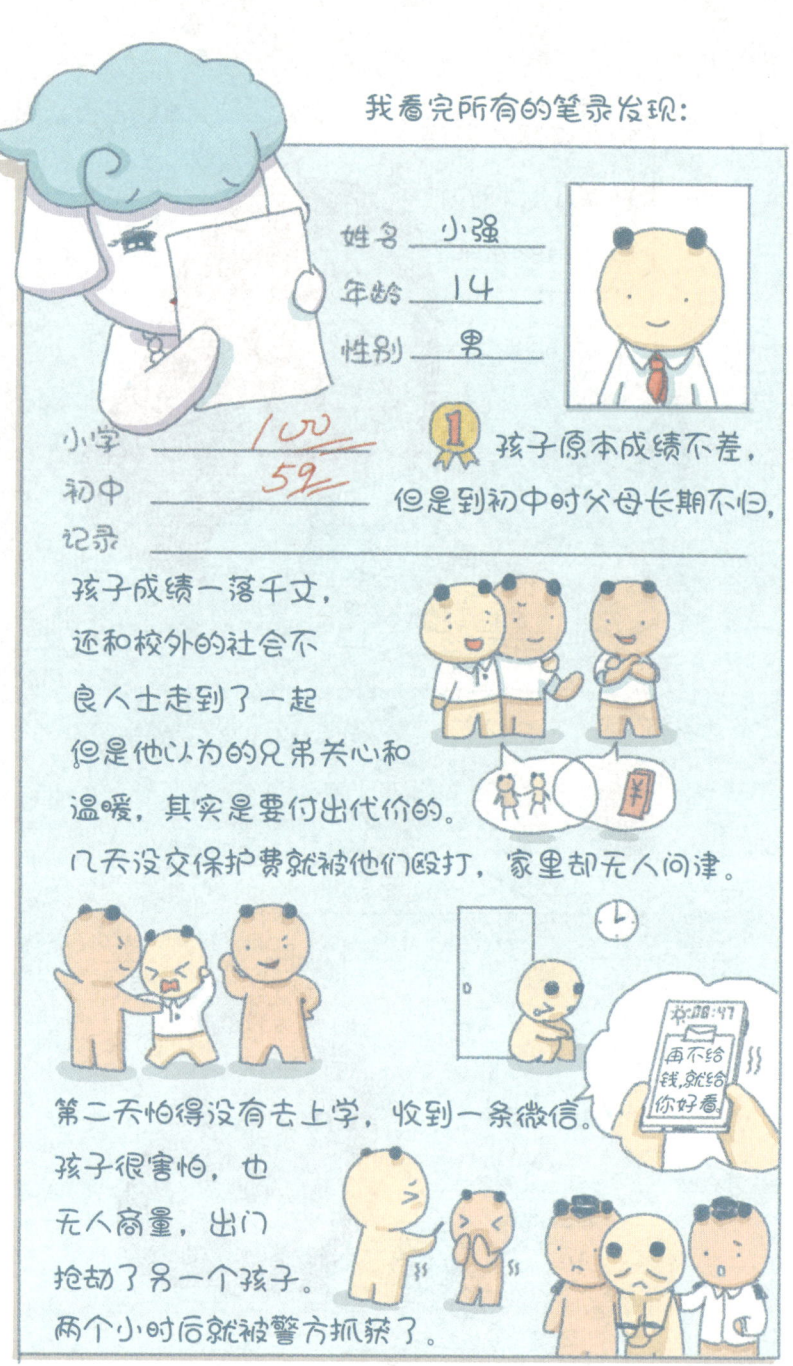

我看完所有的笔录发现：

姓名 <u>小强</u>
年龄 <u>14</u>
性别 <u>男</u>

小学 <u>100</u>
初中 <u>59</u>
记录

孩子原本成绩不差，但是到初中时父母长期不归，

孩子成绩一落千丈，还和校外的社会不良人士走到了一起 但是他以为的兄弟关心和温暖，其实是要付出代价的。几天没交保护费就被他们殴打，家里却无人问津。

第二天怕得没有去上学，收到一条微信。孩子很害怕，也无人商量，出门抢劫了另一个孩子。两个小时后就被警方抓获了。

再不给钱，就给你好看

公检法可责令父母接受家庭教育指导·小故事

公检法可责令父母接受家庭教育指导·小故事

是的，我已经在和检察院沟通，看看退赔之后，是不是有机会免于刑事起诉，或者附条件不起诉。

检察院

太好了，这真的帮了这个孩子呀！

只做这些还不够，他的问题在于，是家庭教育的缺失才让他误入歧途。

是呀，就算这次没被起诉，家里依然不管他，可能再次犯罪的。

不行，我要马上联系检察院，让他们按照《家庭教育促进法》第四十九条，责令家长接受家庭教育指导，不能再让孩子误入歧途。

公检法可责令父母接受家庭教育指导·小故事

家庭教育促进法

第四十九条

家长

公检法可责令父母接受家庭教育指导·小故事

权律师，你为孩子做的事，让我觉得很伟大！

第四十九条

公安机关、人民检察院、人民法院在办理案件过程中，发现未成年人存在严重不良行为或者实施犯罪行为，或者未成年人的父母或者其他监护人不正确实施家庭教育侵害未成年人合法权益的，根据情况对父母或者其他监护人予以训诫，并可以责令其接受家庭教育指导。

公检法可责令父母接受家庭教育指导·相关法条

171

公检法可责令父母接受家庭教育指导·家庭教育小贴士

我是太急事务所的行政，但是我 经常听到权律师在讨论未成年人犯罪的案件，对于这些案件，权律师总说这和孩子的家庭有着密不可分的关系。

和刚才的案例一样，太多未成年人走上犯罪道路，是因为家中无人关心，有的是留守儿童，爷爷奶奶无暇照顾，有的是父母在家却对孩子的生活置之不理。

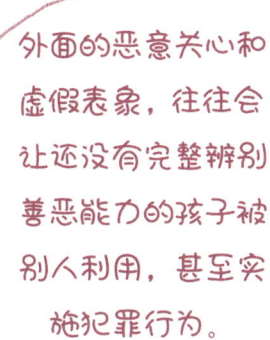

外面的恶意关心和虚假表象，往往会让还没有完整辨别善恶能力的孩子被别人利用，甚至实施犯罪行为。

因此我们再次提醒各位家长，您的孩子还没有成年，对于他的法治教育必不可少，让他知道哪些行为会触碰法律的底线并构成犯罪，这会帮助他在面对诱惑时做出正确的决定。

公检法可责令父母接受家庭教育指导·家庭教育小贴士

公检法可责令父母接受家庭教育指导·家庭教育小贴士

当然这些教育并不是让家长给孩子念诵法律条文，

而是需要家长把法治教育融入日常生活，
对孩子日常的行为给予良性引导。

一方面在发现孩子行为存在不当举动时加以阻止并正确引导；

另一方面要让孩子学会明辨是非，发现别人引诱其进行不良或违法行为时，懂得拒绝与保护自己。

公检法可责令父母接受家庭教育指导·家庭教育小贴士

公检法可责令父母接受家庭教育指导·家庭教育小贴士

当发现孩子身上出现伤痕，衣服物品经常出现破损，或者成绩下降、拒绝上课的时候，要及时确认孩子的安全情况，你的关心和保护是孩子正确对抗伤害的最好武器。

当然，并不是每个家长都能真正做到用心关心孩子，所以我也很感谢这一部《家庭教育促进法》，通过法律的形式明确了家长的责任，并且让公权力能够适度地介入不良的家庭教育之中。

希望正确的引导能让疏于履责的家长
重归家庭，更希望家长的尽责能让
未成年人的犯罪悲剧日益减少。

177

四、法律教你该如何教育孩子

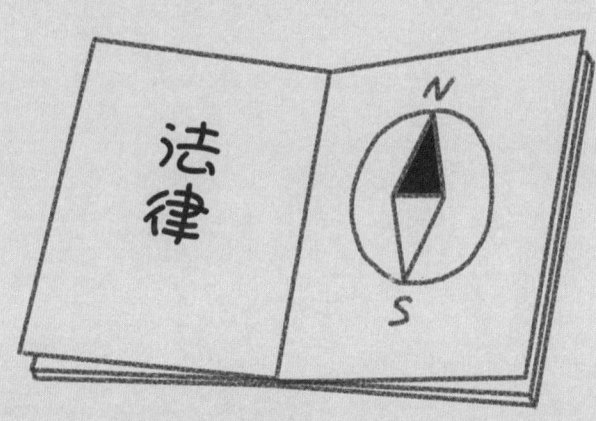

家庭教育内容有哪些

家庭教育内容有哪些？·相关法条

第十五条

未成年人的父母或者其他监护人及其他家庭成员应当注重家庭建设，培育积极健康的家庭文化，树立和传承优良家风，弘扬中华民族家庭美德，共同构建文明、和睦的家庭关系，为未成年人健康成长营造良好的家庭环境。

第十六条

未成年人的父母或者其他监护人应当针对不同年龄段未成年人的身心发展特点，以下列内容为指引，开展家庭教育：

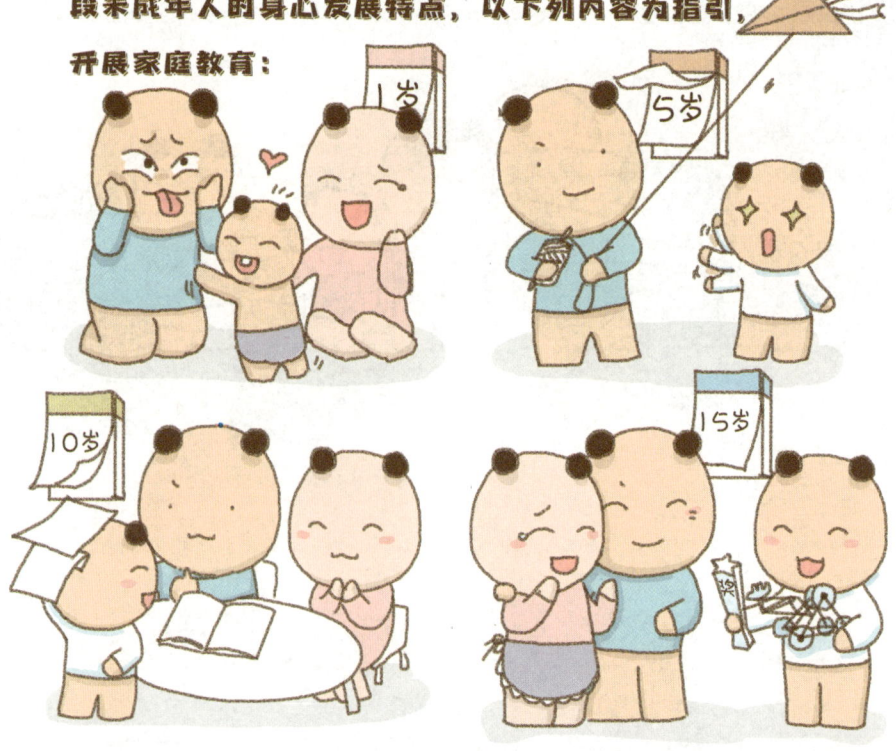

【一】教育未成年人爱党、爱国、爱人民、爱集体、爱社会主义，树立维护国家统一的观念，铸牢中华民族共同体意识，培养家国情怀；

【二】教育未成年人崇德向善、尊老爱幼、热爱家庭、勤俭节约、团结互助、诚信友爱、遵纪守法，培养其良好社会公德、家庭美德、个人品德意识和法治意识；

家庭教育内容有哪些？·相关法条

（三）帮助未成年人树立正确的成才观，引导其培养广泛兴趣爱好、健康审美追求和良好学习习惯，增强科学探索精神、创新意识和能力；

（四）保证未成年人营养均衡、科学运动、睡眠充足、身心愉悦，引导其养成良好生活习惯和行为习惯，促进其身心健康发展；

（五）关注未成年人心理健康，教导其珍爱生命，对其进行交通出行、健康上网和防欺凌、防溺水、防诈骗、防拐卖、防性侵等方面的安全知识教育，帮助其掌握安全知识和技能，增强其自我保护的意识和能力；

家庭教育内容有哪些：相关法条

〔六〕帮助未成年人树立正确的劳动观念，参加力所能及的劳动，提高生活自理能力和独立生活能力，养成吃苦耐劳的优秀品格和热爱劳动的良好习惯。

家庭教育内容有哪些·相关法条

家庭教育内容有哪些：家庭教育小贴士

家庭教育内容有哪些·家庭教育小贴士

对于这些言论我坚决反对，孩子的培养和教育已经不仅仅是一个家庭、父母两个人的事情了！

现在这已经是我们全社会关注的法律问题！

法律问题

承担对孩子的家庭教育责任，已经是家长法定的义务。

义务

孩子出生时，各自有着不同的性格与能力的差异，但他们也有无限的被塑造的空间。

美食天赋

绘画天赋

真正塑造孩子品格及成就孩子未来的因素，更多的在于出生以后周围环境给孩子带来的刺激。

家庭教育内容有哪些·家庭教育小贴士

没有孩子在出生时就已经有了完整的观念，
他们随着成长逐渐形成世界观、人生观、价值观，
这往往都来自外在环境的"刺激"。

家庭教育内容有哪些：家庭教育小贴士

孩子在接受外在环境的刺激后，会将这样的外在刺激留存在肌肉或者记忆中，同时对这些刺激产生反应。

对于好的环境刺激，他们当然会跟着有好的记忆与反应。

对于坏的环境刺激，他们一样会记住并学着大人的样子实施坏的行为。

家庭教育内容有哪些·家庭教育小贴士

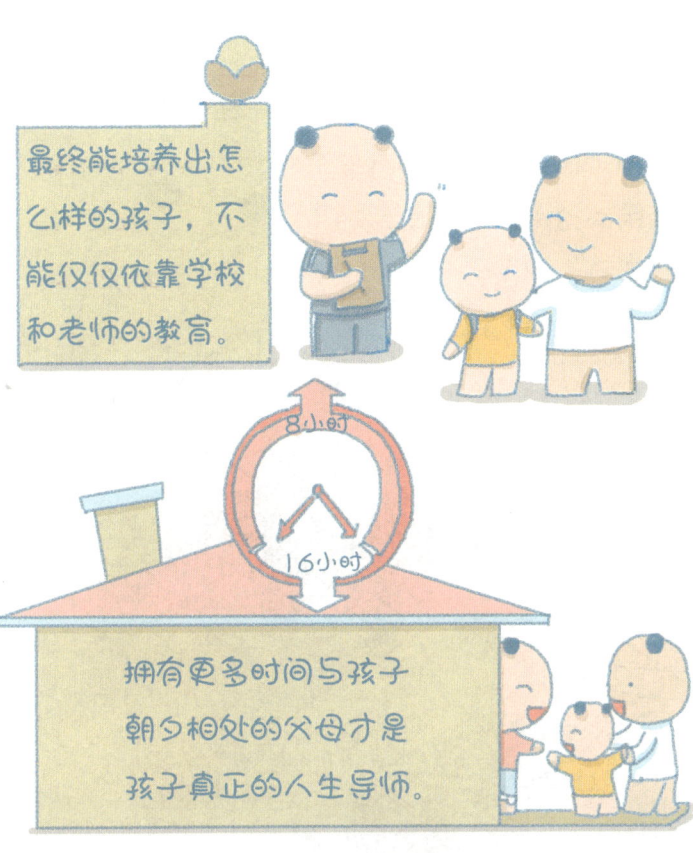

最终能培养出怎么样的孩子，不能仅仅依靠学校和老师的教育。

拥有更多时间与孩子朝夕相处的父母才是孩子真正的人生导师。

为什么知识分子家庭的孩子学习更好？演员家庭的孩子善于表演？比起基因的作用，我想环境刺激的作用更为强大。

191

家庭教育内容有哪些：家庭教育小贴士

因此请各位家长为自己孩子的人生负责，在其成年之前，在孩子不同的人生阶段，请用心给他们打造良好的"学习、娱乐、劳作、艺术、科学"环境。

帮助他们在学知识的同时，树立爱国意识、理性看待财富、积极健康生活、敢于探索世界、热心参与公益、理解与敬畏法律……

家长们，你们努力做好的这一切，
不仅仅是为了承担法律责任，
更多的是在成就你们孩子的未来。

家庭教育的合理方式

第十七条

未成年人的父母或者其他监护人实施家庭教育，应当关注未成年人的生理、心理、智力发展状况，尊重其参与相关家庭事务和发表意见的权利，合理运用以下方式方法：

（一）亲自养育，加强亲子陪伴；

（二）共同参与，发挥父母双方的作用；

家庭教育的合理方式·相关法条

（三）相机而教，寓教于日常生活之中；

（四）潜移默化，言传与身教相结合；

（五）严慈相济，关心爱护与严格要求并重；

【六】尊重差异，根据年龄和个性特点进行科学引导；

【七】平等交流，予以尊重、理解和鼓励；

【八】相互促进，父母与子女共同成长；

【九】其他有益于未成年人全面发展、健康成长的方式方法。

家庭教育的合理方式·相关法条

其他需要教育的事

第二十二条

未成年人的父母或者其他监护人应当合理安排未成年人学习、休息、娱乐和体育锻炼的时间，避免加重未成年人学习负担，预防未成年人沉迷网络。

| 时间 | 学习 | 休息 | 娱乐 | 体育锻炼 |

避免加重未成年人学习负担。

预防未成年人沉迷网络。

其他需要教育的事·相关法条

199

其他需要教育的事·家庭教育小贴士

上一篇权律师给大家讲了家长带给孩子良好的环境对孩子的成长有多么重要。

而我要给大家讲一下，在孩子学习和读书以外，家长在教育和培养孩子的过程中还有哪些方面是不能忽视的。

学习

读书

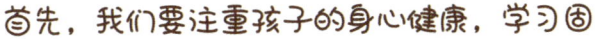

首先，我们要注重孩子的身心健康，学习固然重要，但是孩子的睡眠、体能、心理情绪也非常重要。

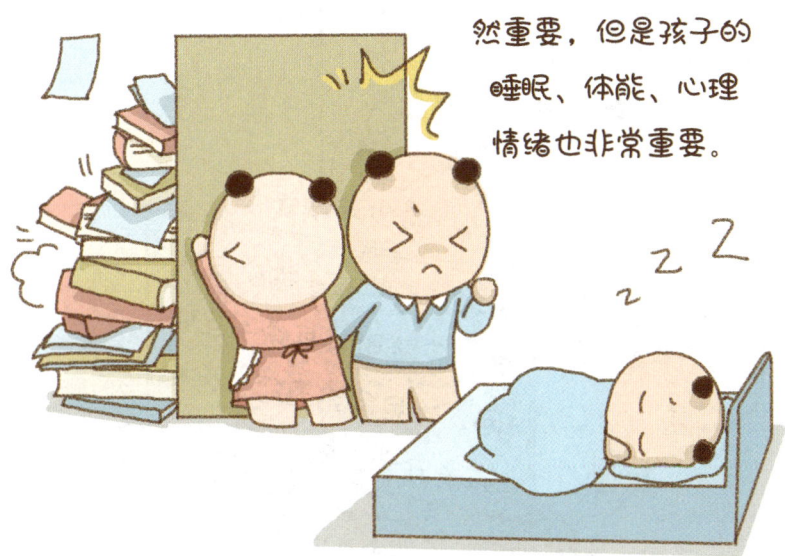

其次，要让孩子早点认识到自我保护和在危险情况下寻求外在帮助的重要性，要让他们珍惜生命、注意日常安全、远离毒品、正确应对校园欺凌现象。

其他需要教育的事·家庭教育小贴士

201

其他需要教育的事·家庭教育小贴士

青少年模式

再次，关心孩子的交友方式，正确引导其使用互联网，规范网络言行、保障孩子安全上网。

最后，还要引导孩子接受正面良好的性教育，耐心教导他们学会正确的与异性交往方式，让孩子在遇到意外性伤害时能做出正确应对及知晓急救措施。

家长对孩子成长的重要性我们不再重复，只希望每一位家长都能在《家庭教育促进法》的作用下，真正做到与孩子共同成长，无隔阂地把你们的爱与智慧传递给下一代。

五、国家支持

大家都有责

大
家
都
有
责
·
相
关
法
条

第六条

　　各级人民政府指导家庭教育工作，建立健全家庭学校社会协同育人机制。县级以上人民政府负责妇女儿童工作的机构，组织、协调、指导、督促有关部门做好家庭教育工作。

　　教育行政部门、妇女联合会统筹协调社会资源，协同推进覆盖城乡的家庭教育指导服务体系建设，并按照职责分工承担家庭教育工作的日常事务。

　　县级以上精神文明建设部门和县级以上人民政府公安、民政、司法行政、人力资源和社会保障、文化和旅游、卫生健康、市场监督管理、广播电视、体育、新闻出版、网信等有关部门在各自的职责范围内做好家庭教育工作。

大家都有责·相关法条

大家都有责·相关法条

第七条

县级以上人民政府应当制定家庭教育工作专项规划，将家庭教育指导服务纳入城乡公共服务体系和政府购买服务目录，将相关经费列入财政预算，鼓励和支持以政府购买服务的方式提供家庭教育指导。

第八条

人民法院、人民检察院发挥职能作用，配合同级人民政府及其有关部门建立家庭教育工作联动机制，共同做好家庭教育工作。

第九条

工会、共产主义青年团、残疾人联合会、科学技术协会、关心下一代工作委员会以及居民委员会、村民委员会等应当结合自身工作，积极开展家庭教育工作，为家庭教育提供社会支持。

居民委员会　工会　共产主义青年团　残疾人联合会　科学技术协会　关心下一代工作委员会

优良家风　和美家庭

第五十条

负有家庭教育工作职责的政府部门、机构有下列情形之一的，由其上级机关或者主管单位责令限期改正；情节严重的，对直接负责的主管人员和其他直接责任人员依法予以处分：

（一）不履行家庭教育工作职责；

（二）截留、挤占、挪用或者虚报、冒领家庭教育工作经费；

（三）其他滥用职权、玩忽职守或者徇私舞弊的情形。

第五十一条

家庭教育指导机构、中小学校、幼儿园、婴幼儿照护服务机构、早期教育服务机构违反本法规定，不履行或者不正确履行家庭教育指导服务职责的，由主管部门责令限期改正；情节严重的，对直接负责的主管人员和其他直接责任人员依法予以处分。

第五十二条

家庭教育服务机构有下列情形之一的，由主管部门责令限期改正；拒不改正或者情节严重的，由主管部门责令停业整顿、吊销营业执照或者撤销登记：

（一）未依法办理设立手续；

（二）从事超出许可业务范围的行为或作虚假、引人误解宣传，产生不良后果；

（三）侵犯未成年人及其父母或者其他监护人合法权益。

第五十四条

违反本法规定，构成违反治安管理行为的，由公安机关依法予以治安管理处罚；构成犯罪的，依法追究刑事责任。

大家都有责·相关法条

213

家长也应当具有基本的法律素养，特别是有关未成年人的犯罪年龄的问题，这个知识点你不能不了解。

大家都有责·家庭教育小贴士

律师说法栏目

现行刑法对刑事责任年龄的规定

2021年，《刑法修正案（十一）》对法定最低刑事责任年龄做出下调，现行刑法对刑事责任年龄的规定为：已满十六周岁的人犯罪，应当负刑事责任。

16

完全刑事责任年龄

已满十四周岁不满十六周岁的人，犯故意杀人、故意伤害致人重伤或者死亡、强奸、抢劫、贩卖毒品、放火、爆炸、投放危险物质罪的，应当负刑事责任。

已满十二周岁不满十四周岁的人，犯故意杀人、故意伤害罪，致人死亡或者以特别残忍手段致人重伤造成严重残疾，情节恶劣，经最高人民检察院核准追诉的，应当负刑事责任。

大家都有责·家庭教育小贴士

215

因不满十六周岁不予刑事处罚的，
责令其父母或者其他监护人加以管教；
在必要的时候，依法进行专门矫治教育

无论孩子犯了什么错误，请选择正确的教育方式进行引导。国家都在尽可能地让他们不进监狱接受实刑，你有什么理由让他们接受非法的"体罚"呢？

大家都有责·家庭教育小贴士

请用你的智慧教育孩子!

制定家庭教育指导大纲

第二十四条 第二款

省级人民政府或者有条件的设区的市级人民政府应当组织有关部门编写或者采用适合当地实际的家庭教育指导读本，制定相应的家庭教育指导服务工作规范和评估规范。

制定家庭教育指导大纲·相关法条

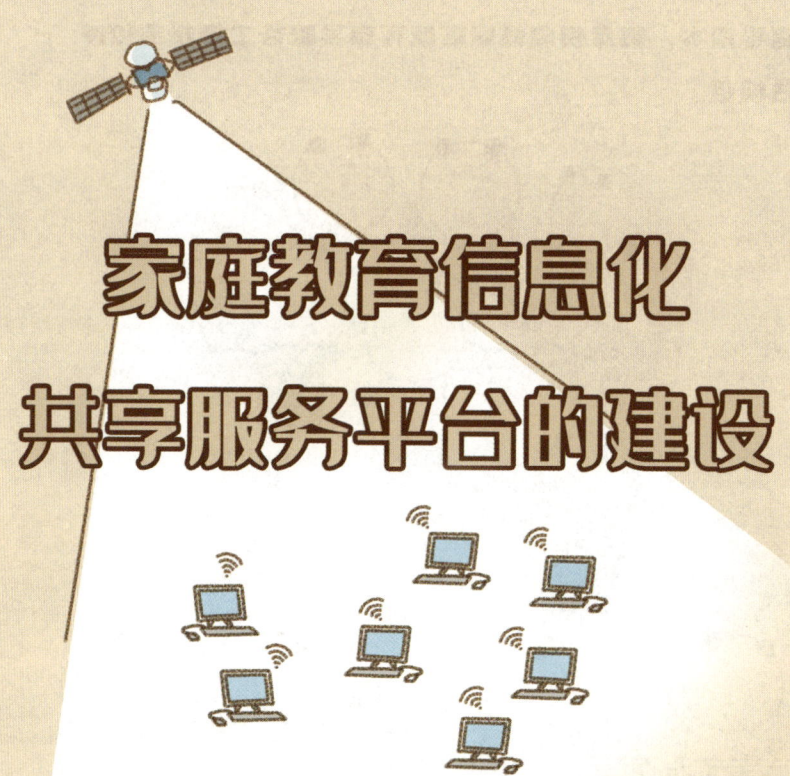

家庭教育信息化
共享服务平台的建设

第二十五条

省级以上人民政府应当组织有关部门统筹建设家庭教育信息化共享服务平台，开设公益性网上家长学校和网络课程，开通服务热线，提供线上家庭教育指导服务。

线上家庭教育指导服务

家庭教育信息化共享服务平台的建设·相关法条

第二十六条

县级以上地方人民政府应当加强监督管理，减轻义务教育阶段学生作业负担和校外培训负担，畅通学校家庭沟通渠道，推进学校教育和家庭教育相互配合。

建立专业团队推进家庭教育·相关法条

第二十七条

县级以上地方人民政府及有关部门组织建立家庭教育指导服务专业队伍，加强对专业人员的培养，鼓励社会工作者、志愿者参与家庭教育指导服务工作。

建立专业团队推进家庭教育·相关法条

培养人才、组建队伍、引入资源、加油、加油、加油！

指导

设立
家庭教育指导
服务中心

设立家庭教育指导服务中心·相关法条

家庭教育指导中心

教育研究

第二十八条

县级以上地方人民政府可以结合当地实际情况和需要，通过多种途径和方式确定家庭教育指导机构。

家庭教育指导机构对辖区内社区家长学校、学校家长学校及其他家庭教育指导服务站点进行指导，同时开展家庭教育研究、服务人员队伍建设和培训、公共服务产品研发。

第二十九条

家庭教育指导机构应当及时向有需求的家庭提供服务。

对于父母或者其他监护人履行家庭教育责任存在一定困难的家庭，家庭教育指导机构应当根据具体情况，与相关部门协作配合，提供有针对性的服务。

残疾人家庭

收养家庭

第三十一条

家庭教育指导机构开展家庭教育指导服务活动，不得组织或者变相组织营利性教育培训。

第三十八条

　　居民委员会、村民委员会可以依托城乡社区公共服务设施，设立社区家长学校等家庭教育指导服务站点，配合家庭教育指导机构组织面向居民、村民的家庭教育知识宣传，为未成年人的父母或者其他监护人提供家庭教育指导服务。

设立家庭教育指导服务中心·相关法条

第四十七条

　　家庭教育服务机构应当加强自律管理，制定家庭教育服务规范，组织从业人员培训，提高从业人员的业务素质和能力。

家长也要进学校

家长也要进学校·小故事

家长也要进学校·小故事

家长也要进学校·小故事

现在学校除了要教小朋友，还要给家长上课了？

· · · · · ·

差不多吧，学校要指导家长怎么更好地教育自己的孩子。

啧啧啧，工作狂居然还有抛下工作去上课的时候，学校面子可真大。

家长也要进学校·小故事

家长也要进学校·小故事

好家伙，这样的冷总裁还真是第一次见。

现在当家长真难，还要上课。

是啊，冷总裁居然连案子都不要了，真可怕。

家长也要进学校·小故事

家长也要进学校·小故事

家长也要进学校·小故事

家长也要进学校·小故事

老大，我们错了。
那我们确实也要去
学校上课接受教育
指导呀~

请假可以，
扣钱就行。

呜呜……
不要扣钱好不好？

第三十九条

中小学校、幼儿园应当将家庭教育指导服务纳入工作计划，作为教师业务培训的内容。

第四十条

中小学校、幼儿园可以采取建立家长学校等方式，针对不同年龄段未成年人的特点，定期组织公益性家庭教育指导服务和实践活动，并及时联系、督促未成年人的父母或者其他监护人参加。

家长也要进学校·相关法条

239

第四十一条

中小学校、幼儿园应当根据家长的需求，邀请有关人员传授家庭教育理念、知识和方法，组织开展家庭教育指导服务和实践活动，促进家庭与学校共同教育。

家长也要进学校·相关法条

240

第四十二条

具备条件的中小学校、幼儿园应当在教育行政部门的指导下，为家庭教育指导服务站点开展公益性家庭教育指导服务活动提供支持。

全方位的

家庭教育覆盖

第三十条

设区的市、县、乡级人民政府应当结合当地实际采取措施，对留守未成年人和困境未成年人家庭建档立卡，提供生活帮扶、创业就业支持等关爱服务，为留守未成年人和困境未成年人的父母或者其他监护人实施家庭教育创造条件。

教育行政部门、妇女联合会应当采取有针对性的措施，为留守未成年人和困境未成年人的父母或者其他监护人实施家庭教育提供服务，引导其积极关注未成年人身心健康状况、加强亲情关爱。

全方位的家庭教育覆盖·相关法条

243

全方位的家庭教育覆盖·相关法条

第四十四条

　　婴幼儿照护服务机构、早期教育服务机构应当为未成年人的父母或者其他监护人提供科学养育指导等家庭教育指导服务。

第三十二条

　　婚姻登记机构和收养登记机构应当通过现场咨询辅导、播放宣传教育片等形式，向办理婚姻登记、收养登记的当事人宣传家庭教育知识，提供家庭教育指导。

家庭教育咨询辅导室

第四十五条

　　医疗保健机构在开展婚前保健、孕产期保健、儿童保健、预防接种等服务时，应当对有关成年人、未成年人的父母或者其他监护人开展科学养育知识和婴幼儿早期发展的宣传和指导。

第三十三条

儿童福利机构、未成年人救助保护机构应当对本机构安排的寄养家庭、接受救助保护的未成年人的父母或者其他监护人提供家庭教育指导。

第三十四条

人民法院在审理离婚案件时，应当对有未成年子女的夫妻双方提供家庭教育指导。

第三十五条

妇女联合会发挥妇女在弘扬中华民族家庭美德、树立良好家风等方面的独特作用，宣传普及家庭教育知识，通过家庭教育指导机构、社区家长学校、文明家庭建设等多种渠道组织开展家庭教育实践活动，提供家庭教育指导服务。

全方位的家庭教育覆盖·相关法条

第四十六条

图书馆、博物馆、文化馆、纪念馆、美术馆、科技馆、体育场馆、青少年宫、儿童活动中心等公共文化服务机构和爱国主义教育基地每年应当定期开展公益性家庭教育宣传、家庭教育指导服务和实践活动，开发家庭教育类公共文化服务产品。

广播、电视、报刊、互联网等新闻媒体应当宣传正确的家庭教育知识，传播科学的家庭教育理念和方法，营造重视家庭教育的良好社会氛围。

全方位的家庭教育覆盖·家庭教育小贴士

全方位的家庭教育覆盖·家庭教育小贴士

一个家庭是否有孩子，对于夫妻而言真的很不一样，两个人不再只是顾忌自己的生活和感受，更多时候要考虑到自己的行为会给孩子带来怎样的影响。

可是大部分夫妻不都是第一次做父母吗？孩子在成长时会产生的焦虑、无助、恐惧，家长们一样会产生。

父母们会存在养育孩子的焦虑；

相互之间会产生教育分歧；各自从小受到的家庭教育可能让他们不会正确地表达爱与关心；会因为工作和经济的压力让他们没有办法平衡工作和家庭……

当然我是不会存在任何经济压力的，但其他问题在我身上同样存在，所以我暂时还没有做好成为爸爸的准备。

全方位的家庭教育覆盖·家庭教育小贴士

全方位的家庭教育覆盖·家庭教育小贴士

但是谁又能真的做好全部准备才拥有孩子呢？
对于爱与生命的延续有时是无法严格规划的。

学习提升

所以，我们要做的是，一旦有一天我们有幸成为父母，请你也能遵守法律，全身心地参与家庭教育的环节，不断自我学习与提升。

只有你不断战胜自己，才能保护你的家庭和养育好你的孩子。

家长第一课

培养一个优秀的孩子，这不仅是家庭
的幸福，更是为祖国做出的一份贡献。

全方位的家庭教育覆盖·家庭教育小贴士

家庭是社会的细胞，
每个单独个体细胞圆满幸福，
才能让我们整个社会和谐有序，
看来我也要努力学习了，
早日为国家做贡献！

251

国家鼓励

第十条

国家鼓励和支持企业事业单位、社会组织及个人依法开展公益性家庭教育服务活动。

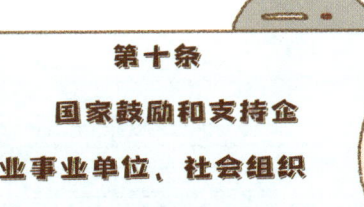

国家鼓励家庭教育指导服务活动

第十一条

国家鼓励开展家庭教育研究，鼓励高等学校开设家庭教育专业课程，支持师范院校和有条件的高等学校加强家庭教育学科建设，培养家庭教育服务专业人才，开展家庭教育服务人员培训。

家庭教育学科建设高校研讨会

大学

家庭教育发展突出贡献奖

第十二条

国家鼓励和支持自然人、法人和非法人组织为家庭教育事业进行捐赠或者提供志愿服务，对符合条件的，依法给予税收优惠。

国家对在家庭教育工作中做出突出贡献的组织和个人，按照有关规定给予表彰、奖励。

国家鼓励·相关法条

第三十六条

自然人、法人和非法人组织可以依法设立非营利性家庭教育服务机构。

县级以上地方人民政府及有关部门可以采取政府补贴、奖励激励、购买服务等扶持措施，培育家庭教育服务机构。

教育、民政、卫生健康、市场监督管理等有关部门应当在各自职责范围内，依法对家庭教育服务机构及从业人员进行指导和监督。

法人

家庭教育服务机构申请书

自然人

非法人组织

培育家庭教育服务机构

第三十七条

国家机关、企业事业单位、群团组织、社会组织应当将家风建设纳入单位文化建设，支持职工参加相关的家庭教育服务活动。

文明城市、文明村镇、文明单位、文明社区、文明校园和文明家庭等创建活动，应当将家庭教育情况作为重要内容。

国家鼓励·相关法条

255

第十三条
每年5月15日国际家庭日所在周为全国家庭教育宣传周。

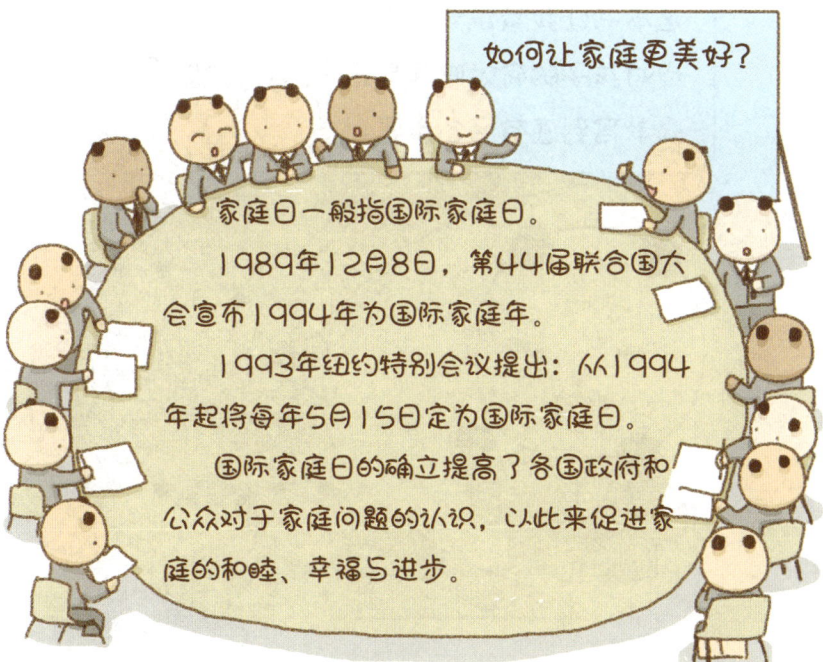

家庭宣传周的确定·家庭教育小贴士

我刚开始做爸爸时候也很彷徨，不知如何胜任这个新的社会身份，于是我看了很多书，其中有一本我推荐给正处于彷徨期的父母们——樊登老师的《陪孩子终身成正》。

这本书让我意识到作为父母对孩子的有效陪伴与正向教育到底有多么重要。

对于"有效陪伴和正向教育对孩子成长起到重要的作用"的观点，可以作为论证《家庭教育促进法》一定能帮助广大家长优化教育方式、构建和谐家庭的理论之一。

因为这部法律动用了全部社会资源来引导家庭用正确的方式教育孩子。

家庭宣传周的确定·家庭教育小贴士

家庭宣传周的确定·家庭教育小贴士

但是有很多家长会说：
"孩子的问题不是在家长身上，他们的叛逆是
自己的问题，为什么要用法律来限制家长？"

但其实，你不知道，绝大多数孩子存在不良行为、存在叛逆情况，背后的原因是家庭没有给予他们正确的爱与关心，他们心里存在深深的无助感。

对一个孩子的爱与关心，绝对不仅仅是支付生活费，让他吃饱穿暖。当孩子身体在快速成长，内心的恐慌与对社会的疑问无法得到父母的解答与关注时，他们的所有内在无助情感可能就会转化成外在"叛逆"的表现。

如果此时和冰冷的家里相比，外界有不怀好意的人对其投入虚伪的关心，帮他找到内心的支持，让他暂时感受到存在与价值感，那么很有可能孩子的行为就会被外界错误的引导所控制，形成与家庭更深的对立。

家庭宣传周的确定：家庭教育小贴士

因此，《家庭教育促进法》的出现，是通过法律的
形式让家长真正回归到家庭，回归到孩子的教育，
让家长通过自我学习和成长，来让孩子在成长过程
中感受到被爱、找到自己的社会价值认同感，以此
帮助孩子和家长一起养成终身学习的好习惯。

各位家长，请您不要再说孩子的问题
与自己无关，您若想要孩子改变，一
定要先从改变您自己开始。

家庭宣传周的确定·家庭教育小贴士

让我们一起在《家庭教育促进法》的
引导下，做一位称职的家长，
陪伴您的孩子成长，
让他成为祖国的栋梁之才！

家庭教育
促进法

六、结语

家庭是孩子的第一所学校，你愿

财喷喷

冷总裁

266

第五十五条　本法

做好孩子人生的 第①任导师吗?

虾大虾二

权智闲

萌多多

Word熊猫

漫□
但是大家□
愿大家生□

Word

此结束，
福生活还将继续，
福、家庭和美！

anda

图书在版编目（CIP）数据

家长第一课：图说家庭教育促进法/王祥修主编. —北京：中国政法大学出版社，2023.1
ISBN 978-7-5764-0755-6

Ⅰ.①家…　Ⅱ.①王…　Ⅲ.①家庭教育－图解　Ⅳ.①G78-64

中国版本图书馆CIP数据核字(2022)第252413号

出　版　者　　中国政法大学出版社

地　　　址　　北京市海淀区西土城路 25 号

邮寄地址　　北京 100088 信箱 8034 分箱　　邮编 100088

网　　　址　　http://www.cuplpress.com (网络实名：中国政法大学出版社)

电　　　话　　010-58908289(编辑部) 58908334(邮购部)

承　　　印　　北京中科印刷有限公司

开　　　本　　720mm×960mm　1/16

印　　　张　　17.5

字　　　数　　260 千字

版　　　次　　2023 年 1 月第 1 版

印　　　次　　2023 年 1 月第 1 次印刷

定　　　价　　89.00 元